JETBOIL

ジェットボイル クイックレシピ

QUICK RECIPE 56 → 110

mont·bell
BOOKS

クイックレシピ 56➔110　JETBOIL QUICK RECIPE 56➔110

JETBOIL

ジェットボイル

わずかな燃料で素早く沸騰

専用クッカー

底に付いているフラックスリングが、バーナーの熱を効率よくクッカーに伝えます。

蓋

クッカーの熱が逃げないように、湯を沸かすときははめておくのが基本。すべてのモデルにコーヒープレスを使う穴と、湯を注ぐ口が開いていて、一部のモデルを除いて麺の湯切りもできます。

ゴトク

オプションの1.5Lクックポットや、サミットスキレット、異なるメーカーのクッカーなどをのせるときに必要（JETBOIL® スタッシュには不要）。

断熱カバー

クロロプレンゴムを使用した断熱素材のカバー。サーマルクッキングを可能にします。（p009参照）。加熱中でも手でクッカーを支えることもできます。

バーナー

火力を調整するつまみや、自動点火装置が搭載されています。（JETBOIL® ジップ、スタッシュを除く）。

サーモ レギュレーター

低温や高温の環境でも火力を安定して使用できます。長時間とろ火で料理するときにも便利な機能です。

ガスカートリッジ

ジェットボイルの専用カートリッジは、プロパン、ブタン、イソブタンの混合で、寒冷地にも強い仕様になっています。

下カップ

フラックスリングを保護するためのもの。計量カップや食器としても使えて、フタの上で蒸し物をするときにも利用します（p009参照）。

スタビライザー

ガスカートリッジに取り付けて、ジェットボイルクッキングシステムを安定させるパーツ。

アウトドアで便利な3つの特長

1 | 500mlの水が1分40秒で沸騰！

一般的なバーナーでは火力の60～70%が逃げてしまいますが、ジェットボイルクッキングシステムはクッカーの底面にあるフラックスリングが、炎の熱を拡散させず、80%

熱を高効率で伝えるフラックスリング。

以上の高効率（フラッシュ除く）で伝えます。これが驚くほど速く湯を沸かせる理由です（JETBOIL®フラッシュなら500mlの水を1分40秒）。また、サーモレギュレーター搭載モデルでは、冬期や高所など低温の環境でも、マイナス6度まで安定した火力を発揮します。

ジェットボイル
クッキングシステム
フラックスリングが非常に高い効率で熱を吸収してクッカーに伝達。

一般的なバーナー
バーナーの熱がクッカーの周囲に拡散して、熱効率が低い。

12リットルの水を沸かすのに必要なガス量

ガス消費量約1/2

200g

100g

JETBOIL　一般的なバーナー

2 | ガスの消費量は約半分。

熱効率のよいジェットボイルクッキングシステムは、一般のバーナーに比べてガスの消費量が約半分。12リットルの水をわずか100グラムの燃料で沸かすことができます（JETBOIL®ミニモ）。つまり、携行するガスカートリッジも少なく済み、装備の軽量化につながります。ガスカートリッジ（ジェットパワー）は、一般的な230グラムのサイズの約半分の、100グラムの小型サイズが標準です。

3 | オール・イン・ワン設計

調理に必要なセットがすべてクッカーの中に収納できる、使いやすい設計。サイズもコンパクトに収まり、重量も約200～500グラムと軽量です。また人数が増えた時に便利な1.5Lクックポットや、スペアのカップなどのオプショナル品も充実しています。

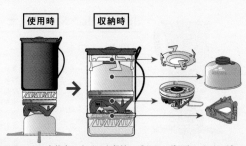

使用時　収納時

クッカー本体内にすべてを収納。ゴトク、ガスカートリッジ、バーナー、スタビライザー（JETBOIL®ミニモはゴトク収納不可）

機能とサイズで選ぶ6モデル

※重量はすべてガスカートリッジを除く　※サイズは収納時の大きさ

JETBOIL® フラッシュ | 1～2人用

基本性能を備えたスタンダードモデル。

　自動点火装置やグローブの
ままでも扱いやすい大型の火
力調整つまみなどを備えた、
使いやすいスタンダードモデ
ル。沸騰を色の変化で知らせ
るインジケーターも付いてま
す。

項目	値
重量	約440g
容量	1.0L
サイズ	直径104mm×高さ180mm
沸騰到達時間	1分40秒(0.5L)
出力	2269kcal
ガス消費量	約139g/h

JETBOIL® ミニモ | 1～2人用

調理しやすい広口で浅いクッカー。

　口を広く、高さをおさえて
デザインされたクッカーは、
調理をするのも、食べるのも
便利です。サーモレギュレー
ター搭載なので、とろ火でじ
っくり煮込む料理も作りやす
いモデル。

項目	値
重量	約500g
容量	1.0L
サイズ	直径127mm×高さ152mm
沸騰到達時間	2分20秒(0.5L)
出力	1404kcal
ガス消費量	約120g/h

サーモレギュレーター搭載

JETBOIL® マイクロモ | 1人用

ソロキャンプに最適。

　高性能バーナーを搭載した
軽量、コンパクトモデルです。
ソロキャンプに最適なサイズ
で、雪山や標高のある場所な
ど気温が低い環境でも、安心
して使えます。

項目	値
重量	約400g
容量	0.8L
サイズ	直径104mm×高さ165mm
沸騰到達時間	2分20秒(0.5L)
出力	1404kcal
ガス消費量	約120g/h

サーモレギュレーター搭載

サーモレギュレーター搭載モデル

低温でも高温でも安定した火力、とろ火料理もOK。

一般的なガスバーナーが苦手とする低・高温環境や長時間での使用において、ボンベ内の圧力が変化した際も自動的に常温時と同じ安定した火力を発揮します。また微妙な火加減が可能で、とろ火が必要な煮込み料理のときにも、非常に便利な機能です。

JETBOIL® スモー

| 2～4人用

グループで行くなら、この大容量。

グループで行くときに便利な1.8リットルの大型モデル。煮込み料理を一度にたくさん作りたいときなど、高出力で大容量のこのモデルが、より効果を発揮します。

重量	約550g
容量	1.8L
サイズ	直径125mm×高さ210mm
沸騰到達時間	4分45秒(1L)
出力	1404 kcal
ガス消費量	約120g/h

サーモレギュレーター搭載

JETBOIL® ジップ

| 1人用

必要な機能はそのままに、コストパフォーマンスを追及。

ジェットボイルの最大の特長である高い熱効率はそのままに。自動点火装置やサーモレギュレーターは省略した、コストパフォーマンスに優れたモデルです(点火にはライターやマッチが必要です)。

重量	約400g
容量	0.8L
サイズ	直径104mm×高さ165mm
沸騰到達時間	2分30秒(0.5L)
出力	1134 kcal
ガス消費量	約65g/h

JETBOIL® スタッシュ

| 1人用

史上最軽量の超コンパクトモデル

ジェットボイルクッキングシステム史上、最軽量の200グラムを実現した超コンパクトモデルです。専用クッカー以外でも、一般のクッカー、フライパンなどもゴトクなしで使えます。

重量	約200g
容量	0.8L
サイズ	直径130mm×高さ112mm
沸騰到達時間	約2分30秒(0.5L)
出力	1134kcal/h
ガス消費量	約65g/h

料理の幅を広げるオプション品

サミットスキレット

炒め物をするときには、専用のフライパンを使うと便利。取っ手が折りたたみ式なのでパッキングしやすく、料理に便利なターナーも付属しています。スタッシュ以外のモデルでは、必ずゴトクを使用してください。

コーヒープレス

文字通りプレスしてコーヒーを淹れるオプショナルパーツです。調理に応用すれば、落し蓋の代わりにしたり、茹でた後の湯切りにも便利。またクッカーに少量の水を入れて、メッシュ部分を逆さに付けたコーヒープレスを水面の上にセットして、その上に食材を乗せれば蒸し器として使うこともできます。機種によって異なるサイズが販売されています。

**1.5L セラミック フラックスリング
クックポット**

大人数の食事を作るときに便利な大容量のクッカーです。フラックスリングが付いているので、高い熱効率を得ることができます。また焦げ付きにくいセラミックコーティングが施されています。スタッシュ以外のバーナーでは、必ずゴトクを使用してください。

※フラックスリングが付いているクッカーは、安全のため、ジェットボイル以外のバーナーでは使用しないでください。

クランチット

使用済みのガスカートリッジを処分する際の、ガス抜きと缶の穴開けに。

※捨てる方法は自治体によって異なります。

ジェットゲージ

ガスカートリッジのガスの残量を計測できます。使いかけのカートリッジを持っていく時に便利です。

ジェットボイル料理のテクニック

火から下ろしたら、蓋をして、下カップをはめて、そのまま放置。

サーマルクッキング

　麺類やパスタを茹でたり、レトルト食品を温めるときは、サーマルクッキングによってガスを大幅に節約できます。たとえば茹で時間が5分のパスタの場合、水が沸騰したクッカーにパスタを入れて、再沸騰したらすぐに火を消して、クッカーをバーナーから下ろし、蓋をして下カップをはめて、5分間そのまま放置すればOK。

　クッカーの断熱カバーには高い保温性があり、そして下カップをはめることで、底部分からの放熱も防ぐので、魔法瓶のように中の温度を保つことができます。

スチーム&ボイル

　湯を沸かして食材を茹でる時、蓋のスリットから蒸気が出ます。これを利用して別の食材を同時に蒸すことができます。方法は、蓋のうえに食材を乗せて、その上から下カップを被せます。下カップは半透明なので、蒸し加減を確認しながら調理できます（JETBOILジップの下カップは不可）。

耐熱ポリ袋はスーパーなどで買える

耐熱ポリ袋を使って

　耐熱ポリ袋に材料や調味料を入れて、空気を抜いて袋の口を縛ります。蓋の中央の穴を利用してクッカーの中に吊り下げて、お湯を沸騰させて加熱します。この方法で煮物はもちろん、米と水を入れてごはんを炊くこともできます。

　焦げない、汚す食器が少ない、蒸発がないので水が少量で済むなど、何かと便利な省エネ料理方法です。蒸発がないので、味付けは濃い目にするとちょうどいいでしょう。

アウトドア料理に便利な食材

乾燥野菜

野菜を使った料理を作りたくても、アウトドアに持っていくには重いし、高温になると痛むので敬遠してしまいがちです。しかし今は、非常に多くの種類が乾燥野菜になって販売されています。軽くて保存も簡単。水やお湯で簡単に戻して使える、野外の料理にはうってつけの素材です。

マッシュポテトの素

ジャガイモを山へ持っていくのは重くて大変ですが、マッシュポテトの素なら軽くて、料理も簡単。ポテトサラダやポタージュスープを作ったり、サンドイッチの具材に利用したり、すぐに一品作れる便利な食材。

大豆のお肉(ソイミート)
乾燥タイプ

大豆を加工して肉の食感を再現した食品。もともと菜食主義の人に人気の食材でしたが、アウトドア料理にも非常に便利。お湯や水で数分で戻して、普通のお肉と同じように使えます。ミンチ、フィレ、ブロックなどのタイプがあり、レシピに合わせて選びます。

粉末の調味料

　醤油やみそも、粉末やフリーズドライの商品が販売されています。鍋料理などで多めの量を使う場合でも、これなら重さを気にせずにアウトドアへ持っていけます。また保存性もいいので、災害時の備品としても便利です。

すしのこ

　ご飯に混ぜるだけで、簡単に酢めしが作れる優れもの。ちらし寿司、巻き物、丼物など、アイデア次第で和風料理のレパートリーが広がります。もちろんモンベル白ご飯などアルファ米にも使えます。

チューブの調味料

　ニンニク、ショウガ、柚子コショウなどはチューブ入りが便利。持ち運びも楽で、手で直接触れることなく使えて、荷物の中でほかの食材に匂いがうつる心配もありません。コンビニで買えるのも嬉しい。

すぐに食べられる、新しい山ごはん リゾッタ®

リゾッタはモンベルが開発した新しいアウトドア用食品です。
短時間調理と優しい口当たりで、10種類のラインナップ。

食欲をそそるガーリック風味。

ガーリック リゾッタ

[調理時間]

熱湯で約**3**分	水で約**5**分

内容量85g → お茶碗大盛り1杯分のごはんができます。

旨さと辛さが広がるリッチタイプ

ビビンパ リゾッタ

とろける旨味が広がるデミグラスソース

デミグラス リゾッタ

スパイスの風味が豊かなカレー味

カレー リゾッタ

まろやかな口当たりのコーン入り

コーン リゾッタ

素材の風味豊かな五目ごはん

五目 リゾッタ

さっぱりとした味わい

梅しそ リゾッタ

本格的なエスニック風味

ガパオ リゾッタ

食欲をそそるコクと薫り

ベーコントマトクリーム リゾッタ

サーモンとチーズの濃厚な風味

サーモンチーズ リゾッタ

わずか3分で調理できる

リゾッタはお湯ならわずか3分で、水でも5分で調理できるお米を使用したアウトドア食品。調理時間が短いので、冬期でも温かいごはんをすぐに食べられます（そのままでも美味しく食べられます）。

ふんわりとした新食感

お米の美味しさを引き出す、フリーズドライ製法による新発想の食品です。ふんわりとした食感は、疲れていても食べやすい優しい味です。

非常に軽量で携行に最適

フリーズドライ製法はアルファ米と比較して含水率が低く抑えられており、軽量な食品として快適な山行に役立ちます（内容量85g、できあがり量260g）。

食器として使えるパッケージ

パッケージは自立するので、お湯を注ぐだけで、そのまま食器として使用できます。

非常時の備蓄食糧としても

賞味期限は5年。1袋でお茶碗大盛り1杯分の量があるので、災害時の非常食にも適しています。

モンベル白ご飯

お湯を注ぐだけで、簡単に炊きたてのようなふっくらとしたご飯ができあがります。登山やキャンプへの携行はもちろん、非常時のための備蓄・保存用としても活躍します。パッケージは自立するのでお茶碗の代わりとして使用できます。スプーン付き。

スパイスマジックカリーキット

モンベル直営カフェのレシピをもとに、秘伝の各種スパイスをブレンドしたカリーキット。本書ではこのキットを利用して、よりスピーディーに作るレシピを紹介しています（p068参照）。

使い方の注意

炒め物は弱火で、または専用フライパンで。

炒め物のような水気のない料理は、一体型のジェットボイルクッキングシステムではクッカーが高温になりすぎて、断熱カバーが損傷する可能性があります。炒め物をするときは弱火にするか、専用フライパン、もしくは一般のフライパンを使ってください（ゴトクを使って）。

揚げ物は危険。

ジェットボイルクッキングシステムで大量の油を使うと、短時間で高温になりすぎて、油に引火した場合に非常に危険です。揚げ物をするときは、ゴトクを使って、フラックスリングの付いていないクッカーを使用してください。

調理中は、離れない。

　バーナーを離れるときは、必ず火を消しましょう。何人かいる場合は、周囲に声をかけてから。狭いところで荷物を取ろうとして体を動かすときに触れてしまったり、後ろ向きの人が気がつかずに押して倒してしまったりという事故が多いので、常に近くの人にはバーナーの存在を知らせるように心がけましょう。

他社のガスカートリッジは使用禁止。

　他社のガスカートリッジでも火は点きますが、法律に規定する安全基準に適合しているのは専用のガスカートリッジとの組み合わせのみです。それ以外の組み合わせは一酸化炭素の発生量などの安全が確認されていないので使用しないでください。

専用クッカー以外にはゴトクを使用する。

　1.5Lクックポットやサミットスキレットを使用するときには、必ずゴトクを使ってください。ゴトクを使わないで直接のせると、バーナーの炎でプラスチック部分が溶けて壊れることがあります。それ以外の一般のクッカーなどを使うときも、同じです（スタッシュを除く）。

QUICK RECIPE
56→110

【 アイコンについて 】

材料はコンビニでOK　すべての材料をコンビニで買えます。ただし野菜などが手に入らない場合は、その店で手に入るもので代用してください。

自宅でプレクッキング　自宅もしくはベースキャンプで前もって準備作業をしておくことで、携行しやすくなり、食べる直前の調理時間も短縮できます。

ナイフ・まな板不要　日帰りの登山など、ミニマム装備で行きたいときに便利なメニュー。ジェットボイルはクッカーが食器になるので、さらにコンパクトに収まります。

00kcal 【カロリー】.........................料理1人分のカロリー。

LEVEL ★☆☆...............................タマゴを割れれば大丈夫
★★☆...............................目玉焼きができれば大丈夫
★★★...............................オムライスができれば大丈夫

⏱ **00min 【調理時間】**.....................調理開始からできあがるまでに必要なおおよその時間。

🔥 **00min 【燃焼時間】**.....................ジェットボイルのバーナーを燃焼する時間。標高や外気温によって差があります。

🔥GAS **00g 【ガス消費量】**.................気温20度前後で調理をしたときのおおよそのガス消費量。標高や外気温によって差があります。

素材写真には、塩、コショウ、醤油、ミリン、ごま油、などの基本調味料は含みません。

56

スープ

カルパスとジャガイモのポタージュ

材料はコンビニでOK | 自宅でプレクッキング | ナイフ・まな板不要

352kcal | LEVEL ★★☆ | ⏱5min | 🔥3min | ⛽5g

ジャガイモの優しい味わいを手軽に。

材料 👤👤

カルパス…1本
タマネギ…1/4
固形コンソメ…1個
マッシュポテトの素…30g
ヤングコーン…市販パック50g
乾燥パセリ…少量
バター…10g
牛乳…200ml
塩…少々
コショウ…少々

💧 必要な水の量…150ml

作り方

1 カルパスは薄切りに、タマネギはみじん切りにしてクッカーに入れ、ヤングコーン、水を加え加熱する。

2 沸騰したら火を弱めて、マッシュポテトの素を入れてかき混ぜる。

3 砕いた固形コンソメ、バター、牛乳を加えてよくかき混ぜながら加熱する。

4 器に移しパセリを振ってできあがり。

┌─ **POINT**
カルパスは常温保存ができるのでアウトドアには使いやすい素材です。

スープビーフン

材料はコンビニでOK | 自宅でプレクッキング | ナイフ・まな板不要

343kcal | **LEVEL** ★ ☆ ☆ | ⏱ **8** min | 🔥 **5** min | 🔳 **8** g

柚子コショウがピリッと美味しい。

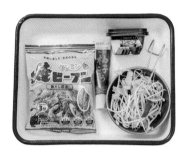

材　料 👤

焼きビーフン…1人前
コンビーフ…1/2パック・40g
ミックスカット野菜…50g
柚子コショウチューブ…2cm
塩…少々
コショウ…少々

💧 必要な水の量…500ml

作り方

1　クッカーに水とビーフンを入れる。
2　その上にほぐしたコンビーフ、ミックスカット野菜、柚子コショウを入れて加熱する。
3　味が足りなければ塩、コショウで調整してできあがり。

— POINT —

麺に味がついているので手間がかかりません。

ポテサラサンドイッチ

材料はコンビニでOK | 自宅でプレクッキング | ナイフ・まな板不要

611*kcal* | **LEVEL** ★★☆ | ⏱**5**min | 🔥**0.5**min | 🔋**1**g

マッシュポテトの素を利用して時間短縮。

材料 👤👤

マッシュポテトの素…30g
シーチキン…60g
タマネギ…1/4個
キュウリ…1/2本
ミニトマト…3個
フランスパン…40㎝前後のもの1本
マヨネーズ…20g
塩…少々
コショウ…少々
💧 必要な水の量…120ml

作り方

1 クッカーに沸かした湯とマッシュポテトの素を器に入れてかき混ぜる。

2 マッシュポテトが熱いうちに、薄切りにしたタマネギとキュウリを入れて、しんなり全体をなじませる。

3 シーチキン、4等分にしたミニトマト、マヨネーズを加えて混ぜて、塩、コショウで味を調える。

4 半分の長さに切ったフランスパンの横に切り目を入れて、3を挟んでできあがり。

┌─ POINT ─
ゆで卵を入れたり、バジルを足しても美味しいです。

チリコンカンホットサンド

材料はコンビニでOK | 自宅でプレクッキング | ナイフ・まな板不要

480 *kcal* | LEVEL ★ ★ ★ | ⏱ **20** *min* | 🔥 **18** *min* | 🔲 **25** *g*

いろいろなものを挟んで楽しもう。

材料 👤👤

大豆のお肉（乾燥ミンチタイプ）…30ｇ
食パン…4枚
スライスチーズ（チェダータイプ）…2枚
タマネギ…1/4
ミックスビーンズ…市販パック50ｇ・2包
濃縮トマトペースト…1包
固形コンソメ…1個
チリパウダー…適量
ガーリックパウダー…適量
オリーブオイル…小さじ2
塩…少々
コショウ…少々
※ホットサンドメーカー使用

💧 必要な水の量…250ml

作り方

1 クッカーにみじん切りにしたタマネギ、ガーリックパウダーを入れ、オリーブオイルで炒める。

2 水、大豆のお肉、トマトペースト、固形コンソメ、チリパウダー、ミックスビーンズを加えて、中火～とろ火で5分煮込む。

3 ホットサンドメーカーに食パンをセットして、2とスライスチーズを挟んで両面焼く。焼き色がついたらできあがり。

3

3

┌── **POINT**
│ 付属のゴトクを使えばホットサンドメーカーもOK。

蒸しパン

材料はコンビニでOK | 自宅でブレクッキング | ナイフ・まな板不要

243 *kcal* | LEVEL ★ ★ ★ | ⏲ 20 *min* | 🔥 18 *min* | 🫙 25 *g*

子どもと一緒に楽しく作れる。

材料 👣👣

ホットケーキミックス…100g
きな粉…20g
黒ゴマ…5g
耐熱ポリ袋

💧 必要な水の量…440ml

作り方

1 耐熱ポリ袋にホットケーキミックス、黒ゴ
マ、きな粉、水90mlを入れて、よく揉
んで練る。

2 蓋の中央の穴から1の耐熱ポリ袋を吊
るす。

3 湯を沸かし、弱火で15分加熱したら、
ポリ袋から出してできあがり。

┌─ **POINT** ─────────────
ふっくらと火が通るためには、材料をよく
混ぜて練ることがコツ。

納豆まぜ蕎麦

材料はコンビニでOK | 自宅でプレクッキング | ナイフ・まな板不要

380*kcal* | **LEVEL** ★ ★ ☆ | ⏱ 10*min* | 🔥 5*min* | 🔋 9*g*

暑い季節に人気の一品。

材料 👤

蕎麦…乾麺・80g
納豆…1パック
麺つゆ…40ml
乾燥ネギ…少々
粒マスタード…少々
ホウレンソウ…1株

💧 必要な水の量…500ml

作り方

1 湯を沸かし、ホウレンソウを湯通しして、適当な大きさに切る。

2 沸騰した湯に蕎麦を半分に折って入れ、再沸騰したら火から下ろし、下カップをはめてサーマルクッキングする（p009参照）。

3 蕎麦が茹で上がったらざるに移し、水洗いし、器に移す。

4 納豆、ホウレンソウ、乾燥ネギを加え、麺つゆをかけてできあがり。

5 お好みで粒マスタードを添える。ワサビ、ショウガ、柚子コショウも合う。

POINT

ホウレンソウはサッと茹でてシャキシャキに。

62

麺・パスタ

うどんの卵とじ

材料はコンビニでOK | 自宅でプレクッキング | ナイフ・まな板不要

241 *kcal* | **LEVEL ★★★** | ⏱ **13** *min* | 🔥 **10** *min* | ⛽ **15** *g*

体が温まる優しい味わい。

材料 👤

うどん…茹で麺・1/2人前
卵…1個
ちくわ…1本
生シイタケ…1個
ミニトマト…2個
うどんスープ…1包
耐熱ポリ袋

💧 必要な水の量…500ml

作り方

1 器に卵を割って、うどんスープを入れて
　よく混ぜる。
2 耐熱ポリ袋に水150ml、うどん、適当
　な大きさに切ったちくわ、十字に切り込
　みを入れたシイタケ、半分に切ったミニ
　トマトを入れ、さらに1を入れてよく混ぜ
　る。
3 クッカーに残りの水を入れ、蓋の中央
　の穴から2の耐熱ポリ袋を吊るす。
4 弱火で吹きこぼれないように8〜10分
　加熱し、卵が少し固まってきたら、ポリ
　袋の中身を器に空けてできあがり。

┌─ POINT ──────────────
耐熱ポリ袋を使うことで料理の幅が広がり
ます。

63

麺・パスタ

みそ煮込みうどん

材料はコンビニでOK | 自宅でプレクッキング | ナイフ・まな板不要

678 *kcal* | LEVEL ★ ★ ★ | ⏱ 15 *min* | 🔥 10 *min* | 🔋 15 *g*

寒い季節にうれしい愛知県の定番メニュー。

材料 👤

うどん…生麺・1人前
赤だしみそ…大さじ1
油揚げ…1枚
かまぼこ…3切れ
サラダチキン…1個・100g
刻みネギ…少々
赤トウガラシ…1本
卵…1個
ショウガチューブ…2cm

💧 必要な水の量…300ml

作り方

1 クッカーに、割いたサラダチキン、ショウガ、刻んだ赤トウガラシ、適当な大きさに切った油揚げとかまぼこ、うどん（粉がついていればそのまま）、みその順で入れ、水を加え、火をつける。

2 沸騰したらかき混ぜて中央に卵を落とし、さらに1〜2分ほど煮込み、刻みネギを入れて完成。

※ だしが入っていないみそを使う場合は、だしを加える。

┌─ **POINT** ─────────
辛いのが苦手ならトウガラシを抜いて。

引っ張りそうめん

材料はコンビニでOK | 自宅でプレクッキング | ナイフ・まな板不要

882 *kcal* | LEVEL ★ ☆ ☆ | ⏱ *7 min* | 🔥 *5 min* | GAS *9 g*

山形の郷土料理、引っ張りうどんをアレンジ。

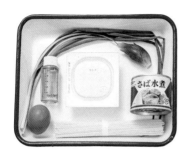

材料 👤

そうめん（無塩タイプ）…100g
サバ水煮缶詰…1個
納豆…1パック
卵…1個
万能ネギ…2本
ミョウガ…1個
白だし…小さじ2

💧 必要な水の量…500ml

作り方

1 器にサバの水煮、納豆、卵、刻んだ
  ネギとミョウガを入れて、白だしを加え、
  軽く混ぜる。
2 湯を沸かし、そうめんを茹でる。
3 茹で上がった麺は湯を切らないで、その
  ままクッカーから取って器の具に混ぜな
  がら食べる。
※ 無塩のそうめんでない場合、茹で汁がし
  ょっぱくなり過ぎたら、食べる前にお湯
  を入れ替える。

┌─ POINT ─
サバ缶が定番ですが、なければツナ缶でも。

65

麺・パスタ

力餅ラーメン

材料はコンビニでOK | 自宅でプレクッキング | ナイフ・まな板不要

801 kcal | **LEVEL** ★ ★ ★ | ⏱ **6** min | 🔥 **4** min | 🛢 **8** g

mont-bell
mont-bell

山で定番の餅入りラーメンをレモンですっきり。

材 料 👤

塩ラーメン…1人前
ベーコン…40g
ミックスカット野菜…60g
餅…中・2個
レモンペースト…適量
油…小さじ1

💧 必要な水の量…500ml

作り方

1 クッカーにミックスカット野菜と厚めに切ったベーコンを入れ、油で炒める。
2 水500mlと餅を加え加熱する。
3 沸騰したら麺を入れる。再沸騰したら火から下ろしてサーマルクッキング（p009参照）。
4 粉末スープを入れて混ぜて、レモンペーストを加えたらできあがり。

┌─ POINT ─────────────
餅に切り込みを入れると火の通りが早くなります。

66

麺・パスタ

棒ラーメンで作る焼ラーメン

材料はコンビニでOK | 自宅でプレクッキング | ナイフ・まな板不要

408 *kcal* | LEVEL ★ ★ ☆ | ⏰ 8 *min* | 🔥 7 *min* | ⛽ 12 *g*

目指せ博多屋台の味。

材 料 👤

棒ラーメン…1人前
コンビーフ…1/2パック・40g
ミックスカット野菜…50g
紅ショウガチューブ…3cm
かまぼこ…4切れ
乾燥ネギ…適量

💧 必要な水の量…300ml

作り方

1 クッカーで沸騰させた湯に麺を入れる。

2 火から下ろし、3分間サーマルクッキング（p009参照）。

3 麺を取り出す。クッカーに少量の茹で汁を残しておき、ミックスカット野菜、乾燥ネギ、コンビーフを入れたら、火にかけて加熱する。

4 野菜がしんなりしたら麺を戻し、付属の粉末スープ（量は好みで）を加えて混ぜ合わせる。

5 器に移してかまぼこを入れ、好みで紅ショウガチューブを絞って添えたらできあがり。

┌─ **POINT** ─────────────
茹で汁を麺に吸わせるように混ぜます。

ファルファッレの豆乳ちゃんぽん

材料はコンビニでOK ｜ 自宅でプレクッキング ｜ ナイフ・まな板不要

408kcal ｜ **LEVEL ★★☆** ｜ ⏱**15**min ｜ 🔥**10**min ｜ 🔲**15**g

パスタを使ってちゃんぽん風に。

材料 👤👤

ファルファッレ…120g
ニューコンミート…80g
ちくわ…1本
ミックスカット野菜
…70g
乾燥キクラゲ…適量
豆乳…200ml
鶏ガラスープの素
…大さじ1
オイスターソース
…小さじ1

醤油…小さじ1
酒…小さじ1
みりん…小さじ1
塩…少々
コショウ…少々
ごま油…大さじ1
酢と辛子
…お好みで適量

💧 必要な水の量…400ml

作り方

1 ニューコンミートとちくわは、1cm幅に切る。乾燥キクラゲは水で戻す。

2 クッカーに水を沸騰させてファルファッレを茹で（時間は製品表示を参照）、茹で上がったら湯を切って器に取る。湯は捨てる。

3 クッカーにニューコンミート、ちくわ、ミックスカット野菜を入れ、ゴマ油を振って炒める。

4 3に豆乳、キクラゲ、鶏ガラスープの素、醤油、酒、みりん、オイスターソースを加えて加熱する。

5 沸騰したら2を加えて、塩コショウで味を調えてできあがり。好みで酢と辛子を添える。

> ── **POINT** ──
> マカロニよりもスープが絡みやすいファルファッレで。

スパゲッティボロネーゼ

材料はコンビニでOK | 自宅でプレクッキング | ナイフ・まな板不要

549*kcal* | LEVEL ★ ★ ★ | ⏱15*min* | 🔥12*min* | 🪫20*g*

レトルトのハンバーグを使ってボリューム満点。

材料 👤

レトルトハンバーグ…1袋
スパゲッティ…80g
卵…1個
粉チーズ…適量
塩…少々

💧 必要な水の量…900ml

作り方

1 クッカーに400mlの湯を沸かしたら、レトルトハンバーグと卵を入れて加熱する。

2 5分程たったら卵を取り出す（半熟のできあがり）。

3 レトルトハンバーグを取り出す（温める時間は製品に記載のとおり）。湯を捨てる。

4 クッカーに500mlの湯を沸かし少量の塩を入れて、スパゲッティを茹でる。

5 茹で上がる間に、レトルトハンバーグを袋の上から指で潰す。

6 器にスパゲッティを盛りつけ、つぶしたハンバーグを乗せ、半熟卵を真ん中に乗せて、粉チーズを振ったらできあがり。

┌─ POINT ─
ハンバーグを潰す時は熱いので注意！

スープスパゲッティ

材料はコンビニでOK | 自宅でプレクッキング | ナイフ・まな板不要

650kcal | LEVEL ★★★ | ⏱10min | 🔥8min | ⛽14g

朝ごはんにも合うパスタメニュー。

材料

スパゲッティ…80g
柚子コショウチューブ…2cm
固形コンソメ…1個
乾燥キャベツ…50g
乾燥タマネギ…15g
コンビーフ…1/2パック・40g
エリンギ…1本
塩…少々
コショウ…少々

💧 必要な水の量…500ml

作り方

1 クッカーに500mlの湯を沸かして、スパゲッティを茹でる。
2 麺を取り出して湯を半分捨てて、固形コンソメ、柚子コショウ、コンビーフ、乾燥野菜、割いたエリンギを入れて、かき混ぜながら加熱する。
3 乾燥野菜が戻ってエリンギに火が通ったら、1の麺を混ぜてできあがり。

┌─ **POINT** ─────────────
キャベツは晴天時に半日干せば美味しく乾燥できます。

スパゲッティナポリタン

材料はコンビニでOK | 自宅でプレクッキング | ナイフ・まな板不要

710kcal | LEVEL ★★☆ | ⏱15min | 🔥12min | ⛽20g

リンゴジュースで爽やかな味わいに。

材料 👤

スパゲッティ…80g	ミニトマト…4個
ソーセージ…3本	バジルの葉…3、4枚
タマネギ…中1/2	パルメザンチーズ
ピーマン…1個	…適量
ケチャップミニパック	塩…少々
…2包	コショウ…少々
濃縮トマトペースト	油…小さじ2
…2包	

スライスマッシュルーム…市販パック50g
リンゴジュース…50cc

💧 必要な水の量…500ml

作り方

1 400mlの水を沸かしたら少量の塩を入れ、スパゲッティを半分に折って入れ茹でる（茹で時間は製品記載を参照）。

2 茹でた麺は別の器にとっておく。

3 薄切りのタマネギとひと口大に切ったピーマンを油で炒め、マッシュルーム、トマトペースト、ミニトマト、リンゴジュースを加える。

4 3に、2の麺とケチャップを加えて混ぜ、塩、コショウで味を調える。

5 フォークに刺したソーセージを直火で炙って、バジルの葉と共にトッピング、パルメザンチーズを振ってできあがり。

┌─ POINT ─────────────
リンゴジュースを使うことでほんのり甘くすっきりした風味に。

枝豆のクスクスミルクリゾット

材料はコンビニでOK | 自宅でプレクッキング | ナイフ・まな板不要

262kcal | LEVEL ★ ☆ ☆ | ⏱10min | 🔥5min | ⛽8g

優しい味がうれしい。

材料 👤👤

クスクス…80g
枝豆…40g
牛乳…200ml
固形コンソメ…1個
オリーブオイル…小さじ1
粉チーズ…適量
塩…少々
ブラックペッパー…少々

💧 必要な水の量…200ml（枝豆を茹でる分）

作り方

1 クッカーで枝豆を茹でる。
2 湯を捨てたクッカーにクスクスと牛乳、砕いた固形コンソメを入れて加熱し、沸騰したら火を止めて、5分蒸らす。
3 クスクスを再度弱火にかけて枝豆を入れたら、オリーブオイル、塩とブラックペッパーで味を調える。
4 器に移したら粉チーズを振ってできあがり。

┌─ **POINT** ─────────
枝豆の代わりにブロッコリーやオクラなどでも。

72

ごはん・餅

おにぎり

材料はコンビニでOK | 自宅てプレクッキング | ナイフ・まな板不要

433 kcal | LEVEL ★ ★ ★ | ⏱ 20 min | 🔥 8 min | 🔥GAS 13 g

（米の浸水時間は含まない）

火加減を弱めにするのがコツ。

材料 👤👤

無洗米…1.5合
塩
海苔

💧 必要な水の量…330ml

作り方

1 クッカーに米と水を入れて、夏なら30
  分、冬なら1時間そのまま浸す。
2 中火で加熱し、沸騰したらとろ火にする。
  大きく吹きこぼれないように注意しながら
  約8分炊く。
3 火から下ろして10分ほど蒸らし、軽くま
  ぜたらご飯の炊きあがり。
4 手を水で濡らし、塩少々を手のひらに
  つけておにぎりを作り、海苔を巻いてで
  きあがり。
※ 蓋はしっかりはめないで、吹きこぼれそう
  になったらすぐに外して調整しながら炊く。
  芯が残った場合は、少し水を足して再
  度加熱。

┌── POINT ──
手が汚れていたらポリ袋に入れてにぎれば
OK。

051

トウモロコシごはん

材料はコンビニでOK | 自宅でプレクッキング | ナイフ・まな板不要

480 kcal | LEVEL ★ ★ ★ | ⏱ 22 min | 🔥 8 min | GAS 13 g

(米の浸水時間は含まない)

缶詰のトウモロコシでも OK。

材 料 👤👤

無洗米…1.5合
トウモロコシ…1/2本
塩…少々
バター…少々
醤油…少々
💧 必要な水の量…330ml

作り方

1 クッカーに米と水を入れて、夏なら30分、冬なら1時間そのまま浸す。
2 トウモロコシの粒を芯から外し、1に入れる。
3 芯も一緒にいれて火に掛け、大きく吹きこぼれないように注意しながら8分ほど中火で加熱し、炊きあがったら10分蒸らす。
4 好みでバターと醤油を加えてできあがり。
※ 蓋はしっかりはめないで、吹きこぼれそうになったらすぐに外して調整しながら炊く。米に芯が残った場合は、少し水を足して再度加熱。

--- **POINT** ---
トウモロコシの芯から、美味しいだしが出ます。

74

ごはん・餅

モンベル白ご飯のちらし寿司

材料はコンビニでOK | 自宅でプレクッキング | ナイフ・まな板不要

503 *kcal* | **LEVEL** ★ ★ ★ | ⏱ **20** *min* | 🔥 **0.5** *min* | 🛢 **1** *g*

酢飯が食欲をそそります。

材　料　👤👤

モンベル白ご飯100ｇ…1袋
鮭フレーク…30ｇ
カニ缶詰…1/2缶
ピクルス…1個
ベビーチーズ…1個
すしのこ…大さじ2
錦糸卵…市販パック品・1袋
ナッツ…お好みのものを30ｇ

💧 必要な水の量…160ml

作り方

1　160mlの湯を沸かして、モンベル白ご
　　飯の袋に注いで15分待つ。
2　ピクルスは水気を切って粗みじん切り、
　　ベビーチーズはさいの目に切る。ナッツ
　　は粗く砕く。
3　できあがったモンベル白ご飯の袋にすし
　　のこを入れてよく混ぜたら、鮭フレーク、
　　ピクルス、ナッツをさらに加えて混ぜる。
4　3を皿に盛り、錦糸卵、ベビーチーズ、
　　カニ缶をトッピングしてできあがり。

┌─ **POINT** ─────────────
海苔があれば手巻き寿司でもOK。

五目煮丼

材料はコンビニでOK | 自宅でプレクッキング | ナイフ・まな板不要

556kcal | LEVEL ★★★ | ⏱20min | 🔥8min | ⛽15g

大豆のお肉をじょうずに使って。

材料 👤👤

モンベル白ご飯100ｇ…2袋
（または200ｇ×1袋）
高野豆腐…2個）
刻み昆布…3ｇ
切り干し大根…10ｇ
乾燥ニンジン…10ｇ
大豆のお肉（乾燥ブロックタイプ）…20ｇ
サヤエンドウ…3個
うどんスープ…1包

💧 必要な水の量…500ml

作り方

1 160mlの湯を沸かして、モンベル白ご飯の袋に注いで15分待つ。

2 クッカーに残りの水と、ひと口大に切った高野豆腐、刻み昆布、切り干し大根、乾燥ニンジン、大豆のお肉、うどんスープを入れて加熱する。

3 蓋の上にサヤエンドウを乗せて、下カップをかぶせて蒸す。

4 沸騰してサヤエンドウが柔らかくなったら、火から下ろし、クッカーの中の具材を3分間サーマルクッキング（p009参照）。

5 ご飯を器に盛り、4を乗せて、サヤエンドウを飾ったらできあがり。

POINT
乾燥食品は種類によって戻す時間に差があるので最初に確認しましょう。

卵雑炊

材料はコンビニでOK | 自宅でプレクッキング | ナイフ・まな板不要

216 kcal | LEVEL ★ ★ ★ | ⏱ 3 min | 🔥 1 min | ⛽ 2 g

あっという間にできる簡単料理。

材　料 👤

おにぎり…1個
（コンビニで買ったものでも、自分で作っ
たものでも。中身は鮭、梅、昆布など）
フリーズドライの卵スープ…1包

💧 必要な水の量…180ml

作り方

1　クッカーで湯を沸かす。
2　おにぎりをほぐしながら入れる。
3　卵スープを入れて、かき混ぜたらできあ
　　がり。

┌─ **POINT** ─────────────
お湯の量を調節して好みの味に。

77

ごはん・餅

鮭茶漬け

材料はコンビニでOK | 自宅でプレクッキング | ナイフ・まな板不要

384*kcal* | LEVEL ★ ★ ★ | ⏱ **3** *min* | 🔥 **1** *min* | 🪫 **2** *g*

家で焼いた塩ジャケを持っていこう。

材料 👤

おにぎり…1個
（コンビニで買ったものでも、自分で作っ
たものでも。中身はシャケ、梅、昆布など）
塩ジャケ…塩の強いもの1切れ
日本茶ティーバッグ…1個
梅干し…1個

💧 必要な水の量…300ml

作り方

1　塩ジャケをよく焼く（または、自宅でよく
　　焼いて水分を飛ばした状態でアルミホイ
　　ルに包んで持っていく）。
2　クッカーに湯を沸かし、ティーバッグで
　　お茶を淹れる。
3　器におにぎりをほぐして入れ（または前日
　　の残りのご飯でもOK）、塩ジャケと梅
　　干しを乗せて、お茶をかけてできあがり。

┌─ POINT
塩気の多いシャケをカリカリに焼けば常温
でも長く保存できます。

モンベル白ご飯の五平餅

材料はコンビニでOK | 自宅でプレクッキング | ナイフ・まな板不要

281 kcal | LEVEL ★ ★ ★ | ⏲ 25 min | 🔥 6 min | ⛽ 10 g

山椒の薫りが香ばしい。

材料 👤👤

モンベル白ご飯100ｇ…1袋
田楽みそ…大さじ2
すりごま…大さじ2
砂糖…大さじ1
粉山椒…少々

💧 必要な水の量…160ml

作り方

1 160mlの湯を沸かして、モンベル白ご飯の袋に注いで15分待つ。

2 ご飯ができる間に、別の容器に田楽みそ、すりごま、砂糖を入れ弱火で加熱して混ぜる。

3 ご飯ができたら、袋に入ったまま手で揉んでつぶす。

4 手を濡らし、4等分の細長いおにぎり状にして、木の枝か割り箸などに平らに伸ばして付ける。

5 直火で炙って焦げ目が付いたら、2のみそだれを塗り、再度サッと炙る。

6 粉山椒を振ってできあがり。

┌─ POINT ─
木の枝が細すぎると炙っているときに落ちるので注意。

パエリア

材料はコンビニでOK | 自宅でプレクッキング | ナイフ・まな板不要

280 _kcal_ | LEVEL ★ ★ ★ | ⏱ **20** _min_ | 🔥 **15** _min_ | 🛢 **20** _g_

できあがりの美しさが人気。

材 料 👤👤

ニンニク…1片
オリーブオイル…大さじ1
サフラン…小さじ1/2
固形コンソメ…1個
米…100g
アサリ
…15個・砂抜きしたもの
シーフードミックス…40g

ミニトマト…8個
赤タマネギ…1/4
赤パプリカ…1個
ピーマン…1個
オリーブ…10個
レモン…1切れ
塩…少々

💧 必要な水の量…300ml

作り方

1 フライパンにオリーブオイルとスライスしたニンニクを入れて熱する。

2 ニンニクがきつね色になったら、シーフードミックス、アサリ、赤タマネギを入れる。

3 アサリの口が開いたら、水と砕いた固形コンソメを入れて少し熱を加える。

4 具材を取り出す。

5 米を入れて中央にサフランを置き、4の具材とオリーブ、細く切った赤パプリカとピーマン、ミニトマトを並べ、アルミホイルで蓋をしたら中火で熱する。

6 水分が減ってきたら弱火にして、端の米を食べてみて少し芯が残るくらいの加減で火から下ろして5〜10分蒸らす。最後に塩で味を調整して、レモンを絞ってできあがり。

> **POINT**
> サフランが手に入らなければターメリックでも代用できます。

キーマカレー

材料はコンビニでOK | 自宅でプレクッキング | ナイフ・まな板不要

245kcal | LEVEL ★★☆ | ⏱**15**min | 🔥**10**min | 🧊**15**g

大豆のお肉を使って手軽に美味しく。

材料 👤👤

大豆のお肉（乾燥ミンチタイプ）…70g
タマネギ…中1個
トマト…1個
カレー粉…大さじ1
ニンニクチューブ…1cm
ショウガチューブ…1cm
油…大さじ1
塩…適量
コショウ…少々

💧 必要な水の量…200ml

作り方

1 クッカーにみじん切りにしたタマネギを入れたら、油とニンニクとショウガを加え加熱する。

2 ニンニクの香りが立ったら、カレー粉、適当な大きさに切ったトマト、大豆のお肉と水を加え、弱火でさらに加熱する。

3 水気が飛んだら火を弱めて、最後に塩とコショウで味を調えたらできあがり。

┌─ **POINT** ─────────────
水気を飛ばすときに焦がさないように注意。

81

スパイスマジック・サバカレー

材料はコンビニでOK | 自宅でプレクッキング | ナイフ・まな板不要

220 *kcal* | LEVEL ★★☆ | ⏱10 *min* | 🔥7 *min* | 🔋10 *g*

モンベルの人気カレーキットを使って。

材料 👥

スパイスマジックカレーキット
…中身の材料をそれぞれ1/2ずつ使用
サバのレトルトまたは缶詰め…1包・60g
タマネギ…中1個　　　油…大さじ1
ニンニク…1片　　　　塩…少々
ショウガ…1片　　　　コショウ…少々
濃縮トマトペースト…2包
ミックスビーンズ…市販パック50g・1包
💧 必要な水の量…150ml

作り方

1　油を少しひいてカレーキットの「ホールスパイス」を熱する。
2　みじん切りにしたタマネギをクッカーに入れ、残りの油といっしょに焦げないように加熱する。
3　みじん切りにしたショウガとニンニク、赤トウガラシ、「パウダースパイス」を加え熱する。
4　香りが立ったら、トマトペーストとミックスビーンズ、サバ、水を加え加熱する。
5　沸騰したらとろ火でさらに3分煮て、必要なら塩とコショウで味を調えてできあがり。
※　モンベルストアで販売しているスパイスマジックカレーキットを使用して、簡単に作るカレーです（キットに記載された作り方とは違います）。

— POINT —
人数が多い時はオプション品の1.5Lクックポットを使用。

バスマティライス

材料はコンビニでOK | 自宅でプレクッキング | ナイフ・まな板不要

415kcal | LEVEL ★ ☆ ☆ | ⏲20min | 🔥12min | 🪫20g

（米の浸水時間は含まない）

カレーにぴったりインドの長粒米。

材 料 👥

バスマティライス…1合

💧 必要な水の量…600ml

作り方

1 米を軽く洗ったら、器の中で水に浸けて
  おく(30分以上)。
2 600ml程度の湯を沸騰させる。
3 水を切った米を入れ、中〜弱火で吹き
  こぼれないように煮る。
4 ときどきかき混ぜながら8分ほど煮たら、
  蓋で水を切り、約5分蒸らしてできあがり。

┌─ **POINT** ──────────────
蓋を外して茹でるのがコツ。

トムカーガイ＆ガパオリゾッタ

材料はコンビニでOK ｜ 自宅でプレクッキング ｜ ナイフ・まな板不要

953 kcal ｜ **LEVEL** ★ ★ ★ ｜ ⏰**15** min ｜ 🔥**10** min ｜ 🪫**15** g

タイの定番スープを簡単アレンジ。

材料 👤

ガパオリゾッタ…1袋
ココナッツミルクパウダー…60g
サラダチキン…1個・100g
卵…1個
パクチー…1株
エリンギ…1本
ミニトマト…3個
ナンプラー…大さじ1
ライム…1/2個
ショウガチューブ…3cm

💧 必要な水の量…300ml (リゾッタの分は別)

作り方

1 クッカーに175mlの湯を沸かし、ガパオ
　リゾッタの袋に注いでかき回したら3分
　待つ。
2 クッカーに、水、ひと口大に切ったサラ
　ダチキン、割いたエリンギ、半分に切っ
　たミニトマト、パクチーの根の部分、シ
　ョウガを入れて加熱する。
3 食材に火が通ったら、ココナッツミルク
　パウダーとナンプラーを入れて、ライム
　を絞る。
4 リゾッタを器に入れて、目玉焼きを作っ
　て乗せ、3にパクチーを添えてできあがり。

┌─ POINT ─
辛いのが好みなら赤トウガラシを入れる。
└

カオマンガイ

材料はコンビニでOK | 自宅でプレクッキング | ナイフ・まな板不要

1150 *kcal* | LEVEL ★★☆ | ⏲30 *min* | 🔥20 *min* | ⛽30 *g*

鶏肉を煮込んだスープで作るごはん。

材　料 👤👤

モンベル白ご飯…100g	日本酒…80ml
2袋（または200g×1袋）	ショウガ…1片
鶏もも肉…600g	ニンニク…1片
長ネギ	ごま油…大さじ1
…青い部分も入れて1本	塩…少々
レモン…1/2個	コショウ…少々
パクチー…1株	はちみつ…小さじ2
ナンプラー…大さじ1	※1.5Lクックポット使用

💧 必要な水の量…300ml

作り方

1　1.5Lクックポットに水、鶏もも肉、薄切りのショウガ、塩、コショウ、酒を入れたら、いちばん上に適当な大きさに切った長ネギを乗せて加熱する。

2　沸騰したら火を弱めて、3分たったらショウガ以外の具材を取り出して、スープとショウガをモンベル白ご飯の袋に入れて15分待つ（100gなら160ml、200gなら320ml）。

3　たれを作る。刻んだ長ネギ、すりおろしたニンニク、ごま油、ナンプラー、はちみつを混ぜ合わせる。

4　鶏もも肉を食べやすい大きさに切って2のご飯といっしょに皿に盛り、パクチーとレモンを添えたらできあがり。

5　鶏を3のたれに付けながら食べる。

> **POINT**
>
> たれの味は好みでいろいろアレンジしてみてください。

ちくわプルコギ

材料はコンビニでOK | 自宅でプレクッキング | ナイフ・まな板不要

159*kcal* | **LEVEL** ★ ☆ ☆ | ⏱ **5***min* | 🔥 **3***min* | 🫙 **5***g*

お酒のおつまみにもいい。

材 料 👤👤

ちくわ…2本
モヤシ…40g
ニラ…1 ～ 2本
インゲン…3本
コチジャン…大さじ1
ショウガチューブ…2cm
ニンニクチューブ…2cm
ごま油…大さじ1
すりごま…10g
砂糖…少々
醤油…少々

💧 必要な水の量…0ml

作り方

1 クッカーにごま油を入れて、ひと口大に切ったちくわ、適当な大きさに切ったインゲンとニラ、モヤシを、弱めの火で炒める。

2 野菜がしんなりしたら、ショウガとニンニクを加えて香りが立ったら、砂糖と醤油を加える。

3 最後にコチジャンとすりごまを加えて、よくからめたらできあがり。

┌─ **POINT**
モヤシは大豆モヤシがシャキシャキしていておすすめです。

86

ビール・プデ・チゲ

材料はコンビニでOK | 自宅でプレクッキング | ナイフ・まな板不要

851 kcal | LEVEL ★ ☆ ☆ | ⏱ 15 min | 🔥 10 min | ⛽ 18 g

暑気払いにおすすめの赤い鍋。

材 料 👤👤👤

ビール…350ml×2本
辛ラーメン…2人前
白菜キムチ…400g
スパム…340g
※1.5Lクックポット使用

💧 必要な水の量…0ml

作り方

1 1.5Lクックポットにビールを入れ、キムチとひと口大に切ったスパムを入れる。

※ スパムは最初は1/3程度を入れて、残りは食べながら追って入れる。

2 火をつけて沸騰したら、辛ラーメンのスープの素とかやくを入れる。

3 スパムに味が滲みたら麺を1人前入れて、ほぐれたら小皿に取って食べる。

4 具材が少なくなったら、麺やスパムを足して食べる。豆腐や春菊などを入れてもいい。

┌── **POINT** ──────
豆腐を入れれば、ビール・スンドゥブ・プデ・チゲに。

ベーコントマトクリームリゾッタのオムライス

材料はコンビニでOK | 自宅でプレクッキング | ナイフ・まな板不要

436kcal | **LEVEL ★★☆** | ⏲ **5** *min* | 🔥 **3** *min* | GAS **5** *g*

モンベルのリゾッタにひと工夫。

材料 👤

ベーコントマトクリームリゾッタ…1袋
卵…1個
ケチャップミニパック…1包
ミニトマト…2個
牛乳…大さじ1
油…少々

💧 必要な水の量…175ml

作り方

1 クッカーに175mlの湯を沸かし、ベーコントマトクリームリゾッタの袋に入れてかき回したら3分待つ。

2 卵に牛乳を入れて泡立てないように混ぜる。

3 フライパンに油をひき、卵を割ってオムレツを作る。

4 皿に盛りつけたリゾッタの上に3を乗せて、ケチャップとトマトで飾ってできあがり。

POINT

オムレツは半熟でも固焼きでもお好みで。

JETBOIL RECIPE
88
フライパン料理

メキシカンタコス

材料はコンビニでOK | 自宅でプレクッキング | ナイフ・まな板不要

436kcal | LEVEL ★★★ | ⏱ 20min | 🔥 10min | ⛽ 15g
(生地を寝かす時間は含まない)

世界中で人気のメキシコ料理。

材　料 👤

中力粉
…200g・そのうち50gは打ち粉
アボカド…1個
赤タマネギ…1/4
ライム…1/2個
緑の野菜ジュース…70ml

ニンニク…1片
ソーセージ…5本
パクチー…30g
ミニトマト…10個
レタス…1枚
オリーブオイル…20ml

塩…少々
コショウ…少々
油…少々
ビニール袋

💧 必要な水の量…0ml

作り方

1　ビニール袋に中力粉150gを入れて、野菜ジュースを少しずつ加えながらよくこねて、最後にオリーブオイル10mlを加えて練ったら、そのまま20分ほど寝かせる。

2　さいの目に切ったアボカドとミニトマト、みじん切りのニンニクと赤タマネギ、小さく切ったレタス、オリーブオイル10mlを混ぜて、塩とコショウで味を調える（ワカモーレのできあがり）。

3　1を6等分の球状に分けて、平らな板などの上に打ち粉を振り、麺棒や水筒などで丸く薄く伸ばす。

4　フライパンに油をひかずに、3を両面焼く（トルティーヤのできあがり）。

5　フライパンに油をひいて、ソーセージを焼く。

6　4のトルティーヤに、ワカモーレとソーセージ、パクチーを挟んで、ライムを絞ったらできあがり。

※ 生地が固い場合は、オリーブオイルを少しずつ足して加減を見る。

┌─ POINT ─
中力粉の代わりに強力粉と薄力粉半々でもOK。

89

海鮮!? お好み焼き

材料はコンビニでOK | 自宅でプレクッキング | ナイフ・まな板不要

643 *kcal* | LEVEL ★★☆ | ⏲ 15 *min* | 🔥 10 *min* | 🔋 16 *g*

スナック菓子を使ってサクサクに。

材料 👤

お好み焼き粉…50g
お菓子のイカフライ…1枚
かっぱえびせん…10g
キャベツ…150g
卵…1個　　　　　青のり…適量
お好みソース　　　かつお粉…小さじ1
…大さじ1　　　　油…大さじ1
紅ショウガチューブ　マヨネーズ
…適量　　　　　　…お好みの量で

💧 必要な水の量…80ml

作り方

1 器にお好み焼き粉、水、粗い千切りに
　したキャベツ、軽く砕いたイカフライとか
　っぱえびせん、卵を入れてよく混ぜる。
2 フライパンに油をひき、1を丸く広げて、
　両面焼く(押し付けないでふっくらと)。
3 両面に軽く焼き色が付いたら、お好みソ
　ースを塗り、かつお粉、青のりを振りかける。
4 (左ページの写真のように完成させたい
　場合は) 小分けマヨネーズの角を小さく
　切って細い線を描き、できあがったマヨ
　ネーズの線を、竹串で等間隔に引きず
　って模様を作る。最後に紅ショウガチュ
　ーブを絞ってできあがり。

┌── **POINT** ──────────
ポテトチップスや柿の種を使っても美味し
いです。

90

みそ漬け豚肉のソテー

材料はコンビニでOK | 自宅でプレクッキング | ナイフ・まな板不要

505kcal | LEVEL ★★☆ | ⏱5min | 🔥5min | 🗲GAS 8g

みそを使った保存方法でアウトドアでも肉料理。

材料 👤👤

豚ロース厚切り…150g×2枚
ニンニク…2片
ショウガチューブ…2cm
みそ…50g
油…大さじ1
チャック付きビニール袋

💧 必要な水の量…0ml

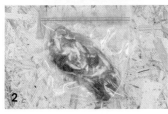

作り方

※1〜2は自宅で準備。

1 肉にナイフで穴をいくつも開けて、細長く切ったニンニクを差し込む。

2 さらにショウガとみそを塗り、チャック付きビニール袋に空気を抜いて入れておく。

3 （料理をする時）みそとショウガを落として、ニンニクは外してとっておく。

4 フライパンに油をひき、ニンニクといっしょにソテーする。

5 食べやすい大きさに切って、ニンニクを添えてできあがり。

※ ニンジン、タマネギ、ピーマンなどを一緒にソテーしても美味しい。

┌─ POINT ─────────────┐
落としたみそはみそ汁にも使えます。
└─────────────────────┘

91

万能スパイスミックスの炒めもの

| フライパン料理 |

材料はコンビニでOK | 自宅でプレクッキング | ナイフ・まな板不要

479 kcal | LEVEL ★ ★ ★ | ⏱5 min | 🔥5 min | ⛽8 g

チャーハンや焼きそばにもOKの万能スパイス。

材　料 👤　※スパイスの分量は10回使用分

スパイスの材料

　ガーリックパウダー…大さじ1
　チリパウダー…小さじ1
　ジンジャーパウダー…大さじ1
　ゆずパウダー…大さじ2
　オレガノパウダー…大さじ1
　五香粉…大さじ1
　カルダモンパウダー…大さじ1
　コショウ…少々
　岩塩…ミルで挽く・小さじ1

食材

　キャベツ…150g
　ボロニアソーセージ…150g

油…大さじ1/2

💧 必要な水の量…0ml

作り方

1　（自宅で準備）材料に記したスパイス類を
　　よくかき混ぜて保存しておく。
2　フライパンに油をひき、1のスパイスを
　　適量使って、ひと口大に切ったキャベツ
　　とソーセージを炒めてできあがり。

┌─ **POINT** ─────────────
　スパイスは1回ずつの使用量に小分けして
　保存すると便利。

92

蕎麦粉のガレット

材料はコンビニでOK | 自宅でプレクッキング | ナイフ・まな板不要

709kcal | **LEVEL** ★ ★ ★ | ⏱ **15**min | 🔥 **10**min | 🗲 **15**g
（生地を寝かす時間は含まない）

フランス・ブルターニュ地方の料理。

材 料 👤 （2枚分）

蕎麦粉…50g
卵…2個
生ハム…4枚
万願寺トウガラシ…2個
ピザ用とろけるチーズ…40g
バター…15g
塩…少々
コショウ…少々
💧 必要な水の量…120ml

作り方

1 （事前に準備）水、蕎麦粉、塩を混ぜて
  1時間以上寝かせておく。
2 万願寺トウガラシをフライパンで焼いて、
  焦げ目が少し付いたら取り出す。
3 フライパンに半分のバターを敷いて、1
  の半分量を丸い形に流し込んだら、真
  ん中にチーズを置き、その上に卵を割っ
  て落とす。
4 適当な大きさに切った万願寺トウガラシ
  と生ハムを並べ、塩とコショウを振る。
5 竹串を使って生地の端をすくい、内側
  に折って四角にしたら、皿にとってでき
  あがり。
※ 生地を寝かす時間を長くすればもっちり
  した食感になる。

┏━ POINT
┃ フライパンを回しながら生地を大きく広げ
┃ るのがコツです。

アサリの酒蒸し

材料はコンビニでOK | 自宅でブレクッキング | ナイフ・まな板不要

80 *kcal* | LEVEL ★ ★ ★ | ⏱ 5 *min* | 🔥 4 *min* | 🔥 7 *g*

潮干狩りの季節に。

材料 👤👤

アサリ…250g
タマネギ…1/4個
日本酒…100ml
塩…少々
コショウ…少々
乾燥パセリ…適量

💧 必要な水の量…0ml

作り方

1 あらかじめ砂を抜いたアサリを、クッカーに入れる。

2 みじん切りにしたタマネギ、塩、コショウ、日本酒を加えて、蓋をして加熱する。

3 中～弱火で、アサリの殻が全部開いたら、パセリを振ってできあがり。

※ 潮干狩りで採ったアサリは、濃度3%の塩水に生きたまま3時間程度つけて塩抜きする。

┌─ POINT
加熱しすぎに注意。貝が開いたらすぐに火を止める。

94

芋煮

蒸し物・煮物

| 材料はコンビニでOK | 自宅でプレクッキング | ナイフ・まな板不要 |

179kcal | LEVEL ★ ☆ ☆ | ⏱15min | 🔥12min | 🛢15g

昔から秋のピクニックの定番。

材料 👤👤

サトイモ…大3
ニンジン…50g
コンニャク…100g
ゴボウ…50g
醤油…大さじ1
みりん…大さじ1
白だし…大さじ1
牛肉大和煮缶詰…1缶
長ネギ…30g
※〆にうどんかごはんを入れてもOK。

💧 必要な水の量…400ml

作り方

1 サトイモは皮をむき半分に切る、ニンジン、ゴボウは皮をむき小さめの乱切りに。コンニャクは親指大にちぎる。

2 クッカーに水を入れ、1の材料と牛肉大和煮、調味料を入れて加熱する。

3 沸騰後、とろ火にして3分加熱。火から下ろし、下カップをはめ5分サーマルクッキング（p009参照）。

4 5分たったら適当な大きさに切った長ネギを加え、とろ火で2分再加熱してできあがり。

※〆にうどんかごはんを入れて食べても美味しい。

2

┌─ POINT
具材は小さく切ると火の通る時間を短縮できます。

関東風雑煮

材料はコンビニでOK | 自宅でプレクッキング | ナイフ・まな板不要

314kcal | LEVEL ★ ☆ ☆ | ⏱10min | 🔥8min | ⛽15g

焼いた餅の香ばしさが美味しい。

材料 👤

餅…2個
松茸の味お吸い物…1袋
サラダチキン…1/2個・50g
サヤエンドウ…4個
麩…3切れ
乾燥ダイコン葉…3g
💧 必要な水の量…300ml

作り方

1 バーナーにフライパンを乗せて、餅を焼いて焦げ目をつける。

2 クッカーに水とお吸い物、ほぐしたサラダチキン、サヤエンドウ、麩、ダイコン葉を入れて加熱する。

3 具材に火が通ったら、器に入れた1の餅の上から、2を注いでできあがり。

┌─ POINT ─────────
一般のフライパンもゴトクを使えば使用できます。

みそだれおでん

材料はコンビニでOK | 自宅でプレクッキング | ナイフ・まな板不要

288 kcal | **LEVEL** ★★☆ | ⏱ **15** min | 🔥 **13** min | ⛽ **20** g

愛知風おでんには赤味噌が定番。

材料 👤👤

ちくわ…2本
ダイコン…150g
コンニャク…1/4枚
さつま揚げ…小3個
笹かまぼこ…2枚
ゆで卵…2個
うどんスープ…1包
赤だしみそ…30g
みりん…10ml
塩…少々
砂糖…小さじ1

💧 必要な水の量…350ml

作り方

1 水350mlとうどんスープと塩をクッカーに入れて火をつける。

2 皮をむいてひと口大に切ったダイコンを茹でて、柔らかくなったら残りの具材を追加してさらに加熱する。

3 (みそだれを作る) シェラカップにみそ、みりん、砂糖を入れて、(スタッシュ以外の場合はオプションパーツのゴトクをつけて) バーナーの上で、とろみが出るまで弱火でかき混ぜる。

4 おでんをみそだれにつけて食べる。

┌─── **POINT** ───
みそだれはキュウリやキャベツにつけても
美味しい。

がめ煮

材料はコンビニでOK | 自宅でプレクッキング | ナイフ・まな板不要

165 *kcal* | LEVEL ★ ☆ ☆ | ⏱ 15 *min* | 🔥 12 *min* | 🪫 20 *g*

焼き鳥の缶詰を使って福岡の郷土料理風に。

材料 👤👤

焼き鳥の缶詰…1缶
ニンジン…50g
ゴボウ…30g
レンコン…50g
コンニャク…1/2枚
ちくわ…2本
うどんスープ…1包
醤油…大さじ1

💧 必要な水の量…350ml

作り方

1 ニンジンとゴボウは皮をむいて小さめの乱切りに、レンコンはイチョウ切りに、ちくわは3等分に切り、コンニャクはひと口大にちぎる。

2 クッカーに水とうどんスープ、1の具材を入れて加熱する。

3 沸騰したら焼き鳥の缶詰をタレごと入れて火を止めて、3分間サーマルクッキングする(p009参照)。

4 再度火にかけて、野菜に火が通ったことを確めたら、醤油で味を調えてできあがり。

┌─ POINT ─┐

コンニャクはナイフで切らずに指でちぎると味のしみがよくなります。

モンベル白ご飯のきりたんぽ鍋

材料はコンビニでOK | 自宅でプレクッキング | ナイフ・まな板不要

294kcal | LEVEL ★ ★ ★ | ⏲ 25min | 🔥 17min | 🅶 25g

マイタケを入れるとより本格的な風味に。

材料 👤👤

モンベル白ご飯100g…1袋
サラダチキン…1個・100g
セリ…1株
ダイコン…30g
ゴボウ…30g　　　白だし…大さじ1
ニンジン…30g　　醤油…小さじ2
ネギ…30g　　　　砂糖…小さじ2

💧 必要な水の量…500ml

作り方

1 160mlの水を沸騰させて、モンベル白ご飯の袋に注いで15分待つ。

2 クッカーに、割いたサラダチキン、薄切りのダイコンとゴボウ、ささがきのニンジを入れたら、調味料をすべて入れて加熱する。

3 沸騰したら火を弱め、セリを4等分にカットして入れ（根も含める）、2〜3分たったら火から下ろす。

4 モンベル白ご飯ができたら、袋の上から指で潰す。

5 潰したご飯を木の枝か割りばしに伸ばして付けて、火で炙る。

6 5を外して適当な大きさに切り、鍋に入れてできあがり。

---- **POINT** ----

セリがなければシュンギクや水菜などでもOK。

103

夏野菜のカレー鍋

材料はコンビニでOK | 自宅でプレクッキング | ナイフ・まな板不要

290kcal | **LEVEL** ★ ★ ★ | ⏱**10**min | 🔥**8**min | 🔋**12**g

パンといっしょに食べても美味しい。

材料 👥

ソーセージ…4本
カレールー辛口…50g
トマト…中1個
ズッキーニ…1/2個
ナス…1本
ピーマン…2個

💧 必要な水の量…400ml

作り方

1 クッカーに水、ソーセージ、ざく切りにしたトマト、乱切りのズッキーニとナス、種をとって縦に切ったピーマンを入れる。

2 沸騰したら弱火にしてカレールーを加え、とろ火で2分加熱する。

3 カレールーが溶けたらできあがり。

※ パンといっしょに食べても美味しい。

┌─ POINT ─
火の通りやすい野菜なら何でも追加できます。

サラダチキントマト鍋

材料はコンビニでOK　自宅でプレクッキング　ナイフ・まな板不要

141 *kcal* ｜ **LEVEL** ★ ★ ★ ｜ 🕐 **15** *min* ｜ 🔥 **12** *min* ｜ 🅖🅐🅢 **18** *g*

鶏肉とトマトの相性が抜群。

材 料

サラダチキン…1個・100g
濃縮トマトペースト…2包
トマトジュース…200ml
ジャガイモ…中1/2
ニンジン…中1/2
ブロッコリー…50g
塩…少々
コショウ…少々
固形コンソメ…1個

💧 必要な水の量…200ml

作り方

1 クッカーに、小さめの乱切りにしたニン
ジン、薄めの短冊切りにしたジャガイモ、
ほぐしたサラダチキンを入れる。

2 水とトマトジュース、砕いた固形コンソメ、
トマトペーストを加え、加熱する。

3 てきとうな大きさに切ったブロッコリーを
蓋の上にのせて、下カップをかぶせて
蒸す。

4 ニンジンとジャガイモに火が通ったら、
塩とコショウで味を調える。

5 器に入れて、ブロッコリーを乗せたらでき
あがり。

┌─ **POINT** ─────────────
ジャガイモとニンジンに火が通ったらでき
あがりです。

ホウレンソウとソーセージのポトフ

材料はコンビニでOK ｜ 自宅でプレクッキング ｜ ナイフ・まな板不要

171 *kcal* ｜ **LEVEL** ★ ★ ☆ ｜ ⏱ **15** *min* ｜ 🔥 **12** *min* ｜ 📷 **18** *g*

野菜の甘味がたっぷり。

材料 👤👤

ソーセージ…3本
ホウレンソウ…2株
キャベツ…50g
ニンジン…30g
ジャガイモ…中1個
固形コンソメ…1個
塩…少々
コショウ…少々

💧 必要な水の量…350ml

作り方

1 沸騰させた湯にホウレンソウをくぐらせた
  ら4等分に切る。

2 1の湯に、小さめの乱切りにしたニンジ
  ン、薄めの短冊切りにしたジャガイモ、
  大きめに切ったキャベツ、適当な大きさ
  に切ったソーセージ3本と、砕いた固形
  コンソメを入れて加熱する。

3 沸騰したら火を弱めてさらに2分加熱し、
  火から下ろして5分間サーマルクッキング
  （p009参照）。

4 塩とコショウで味を調えたら器に移して
  1のホウレンソウを加えてできあがり。

POINT

ホウレンソウは茹ですぎないように。色が
変わったらOK。

鮭とばの石狩鍋

材料はコンビニでOK ┃ 自宅でプレクッキング ┃ ナイフ・まな板不要

160*kcal* ┃ **LEVEL** ★ ★ ☆ ┃ ⏱ **15***min* ┃ 🔥 **12***min* ┃ 🗑 **18***g*

（乾燥野菜を戻す時間は含まない）

軽量の食材で作る冬の人気メニュー。

材　料 👤👤

鮭とば（ソフトタイプ）…40g
フリーズドライの甘酒…2袋
スライスマッシュルーム…市販パック50g
乾燥野菜… ニンジン、ダイコン、トマト、
　　　　　　タマネギ、各5g
フリーズドライ粒みそ…10g

💧 必要な水の量…350ml
（鮭とばと乾燥野菜を戻す水は別）

作り方

1　器に水またはぬるま湯を入れて乾燥野菜
　を戻しながら、鮭とばも柔らかくする（15
　～20分）。

2　クッカーに1と水、マッシュルーム、粒
　みそを入れて加熱する。

3　沸騰したら弱火にして、鮭とばがさらに
　柔らかくなるまで加熱する。

4　フリーズドライの甘酒を入れて、2分煮
　込んだらできあがり。

POINT

甘酒の量は味見をしながら調節します。

103

鍋物

だご汁と高菜ごはん

材料はコンビニでOK | 自宅でプレクッキング | ナイフ・まな板不要

621 *kcal* | LEVEL ★ ★ ★ | ⏱ **30** *min* | 🔥 **12** *min* | ⛽ **20** *g*

すいとんの入った熊本の郷土料理。

材料 👤👤

モンベル白ご飯100g
…2袋、または200g×1袋
鶏もも肉…100g
小麦粉…50g
ゴボウ…30g　　　あごだし粉末…1包
ダイコン…30g　　柚子コショウチューブ
ニンジン…30g　　…お好みで
高菜…30g　　　　醤油…大さじ1

💧 必要な水の量…560ml

作り方

1 小麦粉に25mlの水を入れてこねたら、
　ラップをして10分寝かせる。
2 160mlの湯を沸かし、モンベル白ご飯
　の袋に入れて15分待つ。
3 鶏もも肉、ゴボウ、ダイコン、ニンジンをひ
　と口大に切り、クッカーに残りの水、あごだ
　し粉末、醤油といっしょに入れて加熱する。
4 1を細く丸く伸ばし、親指大にちぎって
　平たく伸ばす。
5 3が沸騰して食材に火が通ったら、4を
　入れて弱火で加熱する。
6 具材に火が通ったら器に盛って柚子コシ
　ョウを添え、できあがったモンベル白ご
　飯に高菜を混ぜてできあがり。

┌─ **POINT** ─
すいとんを平たくすることで火の通りをよ
くします。

豚汁風みそ汁

材料はコンビニでOK | 自宅でプレクッキング | ナイフ・まな板不要

203 *kcal* | LEVEL ★ ☆ ☆ | ⏱ 8 *min* | 🔥 6 *min* | ⛽ 10 *g*

大豆のお肉と乾燥食材を利用して。

材　料

高野豆腐…1個（事前にカットしておく）
粒みそ…30g
乾燥ニンジン…10g
乾燥キャベツ…20g
切り干しダイコン…5g
乾燥ダイコン葉…5g
乾燥ネギ…3g
大豆のお肉（乾燥フィレタイプ）…15g
赤トウガラシ、塩…少々

💧 必要な水の量…400ml

作り方

1　クッカーに水と1/4に切った高野豆腐、乾燥食材、大豆のお肉、赤トウガラシ、粒みそを入れて、熱する。

2　沸騰したら火を弱めて、大豆のお肉とすべての乾燥食材が戻るまで熱する。

3　塩で味を調えてできあがり。お好みで七味を振ってもいい。

2

┌── **POINT** ──
辛いのが苦手な人はトウガラシを抜いて。

本格杏仁豆腐

105

材料はコンビニでOK | 自宅でプレクッキング | ナイフ・まな板不要

160 *kcal* | LEVEL ★ ★ ☆ | ⏰ 10 *min* | 🔥 5 *min* | ⛽ 8 *g*
（冷やす時間は含まない）

沢の水や雪渓で冷やして美味しく。

材 料

杏仁霜…20g
粉寒天…4g
牛乳…400ml
砂糖…50g
クコの実…15粒
桂花陳酒…100ml
💧 必要な水の量…200ml

作り方

1 器に入れた桂花陳酒にクコの実を浸しておく。

2 クッカーに水を入れ弱火にかけ、粉寒天と砂糖をかき混ぜながら入れて溶かす。

3 別の器で杏仁霜と牛乳を混ぜて、2に入れて、沸騰寸前まで熱する。

4 火を止めたらクッカーごと冷やす。

5 冷えて固まった杏仁豆腐を器に盛り、クコの実と桂花陳酒を掛けたらできあがり。

※ 子供用には桂花陳酒の代わりに、ガムシロップなどでもよい。冷蔵庫がなければ沢の水や、常温でも固まる。

POINT

ゼラチンよりも寒天のほうが常温で固まりやすいのでアウトドアでは便利です。

リゾッタのライスクリスプ

材料はコンビニでOK | 自宅でプレクッキング | ナイフ・まな板不要

| **149**kcal | **164**kcal | **LEVEL** ★ ☆ ☆ | ⏱ **10**min | 🔥 **2**min | 🔋 **3**g |

ビビンバリゾッタの　　梅しそリゾッタの　　　　　　　　　　　　　　　　（冷やす時間は含まない）
ライスクリスプ　　　　ライスクリスプ

登山やハイキングの行動食にも。

材　料 👨👨👨👨 （2種類）

ビビンバリゾッタのライスクリスプ（写真の内容）

> ビビンバリゾッタ…1袋
> ドライみかん…10g
> チョコベビー…20g
> マシュマロ…40g

梅しそリゾッタのライスクリスプ（写真なし）

> 梅しそリゾッタ…1袋
> レーズン…20g
> ミックスナッツ…20g
> マシュマロ…40g

💧 必要な水の量…0ml

作り方

ビビンバリゾッタのライスクリスプ（完成写真手前）

1　ドライみかんを細かく刻む。
2　クッカーにマシュマロを入れて、弱火で温めて溶けさせる。
3　1とチョコベビー、ビビンバリゾッタを2に入れてかき混ぜたら、型に入れて冷やす。

梅しそリゾッタのライスクリスプ（完成写真奥）

1　ミックスナッツはまな板の上で叩いて細かく砕く。
2　クッカーにマシュマロを入れて、弱火で温めて溶けさせる。
3　1とレーズン、梅しそリゾッタを2に入れてかき混ぜたら、型に入れて冷やす。

> ┌─ **POINT** ─────────
> │ マシュマロは焦げやすいので火加減に注意。

焼かない焼きリンゴ

材料はコンビニでOK | 自宅でプレクッキング | ナイフ・まな板不要

179 *kcal* | LEVEL ★ ★ ☆ | ⏱ 15 *min* | 🔥 10 *min* | 🔋 15 *g*

カルダモン、クローブ、シナモンでスパイシーに。

材料 👤👤

リンゴ…中1個
バター…10g
みりん…大さじ1
カルダモンホール…2個
クローブ…4個
シナモンスティック…1本
レーズン…5粒
耐熱ポリ袋
※ お好みでバニラアイスクリーム…50g
　 またはプレーンヨーグルト…50g

💧 必要な水の量…400ml

作り方

1　リンゴの芯を円錐状にナイフで切り取
　 る。その中にバター、みりん、レーズン、
　 皮を除いたカルダモンホールを入れる。

2　クローブをリンゴの表面に刺し、シナ
　 モンスティックを真ん中に刺す。

3　耐熱ポリ袋に入れ、水を入れたクッカ
　 ーの蓋の中央の穴から吊るす。

4　沸騰したら、吹きこぼれないように火を
　 調節しながら8分間加熱する。

5　耐熱ポリ袋から取り出してお好みでヨー
　 グルト、アイスクリームを乗せてできあ
　 がり（冷やしてから食べても美味しい）。

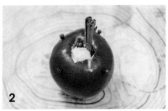

┌─── POINT ───
熱いままと冷めてからと2種類の味を楽し
んでください。

108

デザート

しっとりチーズケーキ

材料はコンビニでOK | 自宅でプレクッキング | ナイフ・まな板不要

312 *kcal* | **LEVEL** ★ ★ ★ | ⏱ **15** *min* | 🔥 **2** *min* | 🔥 **3** *g*
（冷やす時間は含まない）

トッピングは好みでいろいろ。

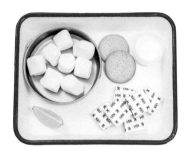

材　料　👤👤

マシュマロ…50g
牛乳…25ml
クリームチーズ…キリ・6個
ビスケット…2枚
ライム…1/4個

💧 必要な水の量…0ml

作り方

1 ボウルにクリームチーズを入れ、スプーンで潰してペースト状にする。
2 クッカーにマシュマロと牛乳を入れて、弱火で加熱する。
3 1に2を入れて、しっかり混ぜ、ライムを絞る。
4 丸い器の底にビスケットを敷いたら、少量の牛乳（分量外）を入れしっとりさせる。
5 4のビスケットの上から3を入れて、冷やしたらできあがり。

┌── **POINT** ──
ドライフルーツやジャムを乗せても。

123

109

コーヒーゼリー

材料はコンビニでOK　自宅でプレクッキング　ナイフ・まな板不要

57 *kcal* | **LEVEL** ★ ☆ ☆ | ⏱ **6** *min* | 🔥 **3** *min* | ⛽ **5** *g*

（冷やす時間は含まない）

インスタントコーヒーで手軽に作れる。

材料 👤👤👤👤

インスタントコーヒー…15g
粉寒天…4g
きび糖…大さじ1
チェリー…4個
ホイップクリーム（スプレータイプ）…適量

💧 必要な水の量…500ml

作り方

1 クッカーに水と粉寒天を入れて加熱する。
   沸騰したら火を止めて、きび糖とインス
   タントコーヒーを入れてよくかき混ぜる。
2 型に入れて冷やす。
3 固まったら器に移して、ホイップクリーム
   とチェリーを乗せてできあがり。

┌─ POINT ─────────────
│ 苦さはコーヒーの量で調節を。

JETBOIL RECIPE

110

飲み物

自家焙煎コーヒー

材料はコンビニでOK | 自宅でプレクッキング | ナイフ・まな板不要

10 *kcal* | LEVEL ★ ★ ★ | ⏱ **20** *min* | 🔥 **13** *min* | 🔥 **24** *g*

自分の好みの苦味と酸味を見つけよう。

材料 👤👤

コーヒー生豆…50g
銀杏煎り器
コーヒープレス
またはモンベル・ODコーヒードリッパー
💧 必要な水の量…600ml

作り方

1 コーヒー生豆から欠点（不良）豆を取り除く。

2 銀杏煎り器に豆を入れて、強火にかける。火の上では常に振り続けること。

3 8分程度で爆ぜ始める（浅煎り）。その後2分程度で2度目の爆ぜがはじまる（深煎り）。

4 ミルを使って、好みの粗さに豆を挽く。

5 コーヒープレスまたはODコーヒードリッパーで淹れる。

┌─ **POINT** ─────────────
焙煎を失敗しないコツはとにかく動きを止めないこと。

撮影（本文料理）	小宮山 桂
デザイン	三浦逸平
レシピ・調理	市橋博明（モンベル）
イラスト	神田めぐみ
編集協力	株式会社フード・アイ

ジェットボイル
クイックレシピ56➔110
JETBOIL QUICK RECIPE 56 ➔ 110

———

2021年12月04日　初版第一刷発行

発行者	辰野 勇
発行所	株式会社ネイチュアエンタープライズ
	〒550-0013
	大阪府大阪市西区新町2-2-2
	モンベル本社内
営業部	電話 03-3445-5401
	FAX 03-3445-5415
	モンベル・ホームページ
	https://www.montbell.jp/
印刷・製本	株式会社サンニチ印刷

©2018 Nature Enterprise Co., Ltd. Printed in Japan
ISBN:978-4-9911924-1-8